청어詩人選 496

김승희 시집
작은 풀꽃이 보일 때

청어

작은 풀꽃이 보일 때

김승희 시집

시인의 말

태풍과 폭우 갑자기 휘몰아치고
슬픔, 좌절의 늪에서
헤어나기란 힘든 일.
그래도
어딘가에는 나름대로 치유할 수 있는
빛이 있을 터이니…

곁으로 다가와 준 한 줄기 빛이
'시를 쓰는 것'
잿빛심정 송두리째 책갈피마다 심어놓고
창문을 열었더니
하늘은 맑고
새들의 수다 소리도 정겹고 예쁘다.

내일은
따스한 봄 뜰에 꽃씨를 뿌리고
고운 꿈을 가꾸고 싶다.

차례

5 시인의 말

1부 그리움 안고

14 섣달
15 달빛 가을밤
16 그대는
17 나의 창(蒼)가로
18 빈 둥지 1
19 그리움 안고
20 석양
21 빈 둥지 2
22 해묵은 정(情)
23 꿈길로 오소서
24 은빛으로
25 환상
26 미운 사람
27 서리꽃
28 고독
29 기차를 타고 여행을 1
30 눈물샘이었나
31 그냥 그렇게

32 슬픔을
33 그냥 두어도
34 울 엄마의 기도
35 느티나무 아래서

2부   유리공주 인형

38 남산에 올라 1
39 이름 하나
40 유리공주 인형
41 빨갛게 익어버린
42 기차를 타고 여행을 2
43 바닷가에서
44 사노라면
45 평범한 날들이
46 예쁜 발걸음
47 희망
48 다시 오늘이 오고
49 주의 말씀은
50 나는 누구?
51 희망의 나래가
52 겨울 어느 날
53 아직도 겨울
54 꽃 피우려고
55 봄

56 우리 만남은
57 고향 가는 길
58 추석 빛
59 옛 친구 1
60 멍멍이

3부 여름앓이

62 꿈
63 여름 앓이 1
64 가슴에 내리는 비
65 빗소리
66 여름 앓이 2
67 남산에 올라 2
68 세 잎 클로버
69 향기
70 여장(旅裝)을 풀고
71 기차를 타고 여행을 3
72 밤바다
73 정(情)
74 백지(白紙)
75 향수(鄕愁)
76 어머니표 명주
78 길섶에 핀
79 한 생명의 빛

80　서글픈 훈장
81　웃는지 우는지
82　공허
83　찔레꽃 피워
84　하늘로 보내는 편지

4부　노을의 창

88　가을 문턱
89　만추
90　가을꽃
91　노을의 창
92　꽃잎 하나
93　늦가을에 1
94　기차를 타고 여행을 4
95　가을 잎 단풍
96　계절 바퀴
97　담쟁이 닮은
98　달빛 비애
99　가을비
100　살며시 왔는데
101　늦가을에 2
102　늦가을에 3
103　봄을 향하여 1
104　노을의 아쉬움

105 봄을 향하여 2
106 그곳은
107 옛 친구 2
108 그 집 앞
110 등대
111 그림 한 점

5부 작은 풀꽃이 보일 때

114 첫눈
115 가끔은 이래도
116 그늘꽃
117 좋은 인연
118 가슴꽃
119 햇빛 쏟아지는 날
120 익은 추억이
121 작은 풀꽃이 보일 때
122 궁전
123 기차를 타고 여행을 5
124 사랑의 날개
125 설날 만둣국
126 사랑꽃 피고
127 행복
128 아침 산책길
129 봄은

130 그리 말하리

131 다 가진 기쁨

132 합작 그림책

133 가슴을 열고

134 바다 위에 핀 꽃

135 비우니 가벼워라

136 아버지와 크리스마스이브

해설_손희락(시인·문학평론가)

143 　생의 시간을 의식한 심적 갈등과 진솔한 독백

1부

그리움 안고

발자국마다 뚝뚝 떨어지는
설움
긴 꼬리 남기고
달무리 흘린 빛에 숨어버렸나
그대 그림자

여린 가슴이 터질 듯
애달픈 마음 흠뻑 토하는

섣달

끝자락에 심었다

발자국
아쉬워

초록 정원
꿈꾸는 가슴밭에

한 알 씨를

달빛 가을밤

아름다운 산세(山勢)
팔공산
한 폭의 산수화인 듯

그 자락 작은 한 마을
갖가지 꿈을 키워주던 곳
지금도 숨을 쉬고 있다
전설 같은 추억들이 줄줄이

온 누리에 울려 퍼져
은혜로 흠뻑 젖던 교회
그 성스러운 종소리

애지중지
자식들 기다리는 초조한 맘
사립문 밖에 서성이던
그 정(情)담은 어머니 모습

고즈넉한 달빛 가을밤 향수에 젖는다

그대는

해님이런가
신기루이런가

온종일
그리다
지우다
까맣게 타는 가슴

그네를 타네
빛과 어둠으로
오락가락

기쁨 주고
아픔 주는
그대는 누구

나의 창(蒼)가로

잔설 꽃샘추위
노란 꼬리 달고
털모자 반쯤 벗은 꽃눈마다
서성거린다
덩그러니 빈 까치둥지에도

애달픈 님 그림자 안고
침묵의 고독한 정원
잿빛 마음 흠뻑 설움에 겨워
아직은 봄 맞을 준비 이르니

봄아
햇빛 쏟아져 속살거릴 즈음
고운 단장(丹粧) 꽃나래 펼치고
저 넓은 초원 찬란한 꽃 뜰
휘- 돌아 한아름 꿈을 안고

나의 창가로 오렴
내 님 닮은 미소로

빈 둥지 1

찬 바람 일렁인다
빈 둥지에

추수 끝난 들녘처럼
허전함 밀려오고

빛바랜 일기장
갈피마다
그 흔적 심연을 두드리네

근원은 숨고
덩그러니 그림자 하나

그리움 안고

어스름밤
미로(迷路)
발자국마다 뚝뚝 떨어지는
설움
긴 꼬리 남기고
달무리 흘린 빛에 숨어버렸나
그대 그림자

여린 가슴이 터질 듯
애달픈 마음 흠뻑 토하는
그리움 안고

사랑아
미움아
이 가슴속에 영글어가는
속앓이
긴 밤을 태운다

석양

온종일 그리던 그림
저녁 하늘
끝자락에 걸어놓고

수평선 걸터앉아
주홍빛 나래를 펼친다

파들거리는 아쉬움과 설움
어스레히 밀려오는
양떼구름 사이로
못내
붉게 토하는
찬란한 낙조(落照)의 애절함

어쩌면
인생 여정
그 애환이런가

빈 둥지 2

밤새도록
애수에 젖고
고독에 젖고
두려움에 흠뻑 젖어

미지의 유령
슬금슬금 기어 오는 듯
진땀이 숭얼숭얼
목덜미가 서늘하다

겁먹은 심장은 요동치고
오그라붙은
작은 숨소리는
방 모서리에 쪼그리고 있다

훌훌 모두 떠난 빈 둥지
죽음 같은 공포
삶이란 어울림인 것을

해묵은 정(情)

살짝
건드려도
와르르 쏟아진다
알알이 달아놓은 설움이

저 멀리
후- 날려버려도
휘돌아
메아리로 온다

해묵은 끈끈한 그 정이었나

꿈길로 오소서

산길 따라 한나절
숨 한번 몰아쉬고
가도 가도
아직도 까마득

바람도 쉬어가는 곳에
머무른 그대

깊은 잠 들어 깨어날 줄 모르나
산새 소리 좋아서
들꽃 아름다워서
돌아올 길 잊었나

이제
서둘러
나의 꿈길로 오소서

은빛으로

알까
모를까
그대
땅거미 어둡게 밀려온 줄

까치발 딛고 고갯길 바라보는
긴-
목마름의 기다림

사뭇 보이지 않는 그림자
아쉬움으로 짙어지고

서서히
서서히
검은 머리 은빛으로 물들어 가네

환상

뚜벅
뚜벅
발걸음 소리 들린다

덜커덩
현관문 열리고
미소 가득한 낯익은 얼굴

눈 한 번 껌뻑
아무도 없다

미운 사람

삶의 여정
웃음꽃
한 아름 안겨 주더니

사연만 듬뿍 달아 놓았네
고운 추억들
잿빛으로 흐물거리고
침잠(沈潛) 속에 헤맨다

이젠
무엇으로 기쁨 주고
무엇으로 아픔 주려나
미운 사람아

서리꽃

내 마음 뜰에
서리꽃

야무지게 달라붙은
번뇌
삭고 또 삭아서
끝내 지쳐
잿빛 울음으로 온 밤을 휘감는다

그대
그립다 할까
미웁다 할까

내일은
노오란 봄꽃으로 피어나렴

고독

깊은 어둠
무거운 침묵
꼬리 긴 상념

끈질기게 가슴속을 헤집네
이 밤이 새도록

안개비
심장 깊숙이 젖어 들고

엉클어진 심연
회색으로 어린다

기차를 타고 여행을 1

햇살 내려와 나래짓 하는
딱 좋은 6월 추억여행

파도가 찰랑거리는 바닷가
모래 위를 걷는다
발자국마다 소복이 담기는 그때 그 추억

신혼부부 사진 촬영
한 쌍의 학이었네
하얀 옷자락 행복으로 하늘하늘
너는 나
나는 너
아름다운 꿈을 꾸던 경포대
하늘에는 새들이 노래하고
땅 위에는 작은 풀꽃까지 함박웃음

누군가
인생은 드라마
희비를 엮어놓은 거라고…

눈물샘이었나

흐드러지게
꽃이 필 적에
그냥 눈물이 납니다

못다 한 말 한마디 아쉬움
아직도
심장 한편에
멍울져 있는지

꽃이 피면
꽃이 지면
하염없이 눈물이 납니다

사랑은
가슴속에 눈물샘이었나

그냥 그렇게

깊숙이 묻어 두자
서러운 맘 보듬고

그리운 대로
슬픈 대로

그냥 그렇게

숨 한번 크게 쉬고
먼 산 한번 바라본다

슬픔을

어둠의 긴 터널

헤매고
헤매이다
성숙으로 거듭나리

슬픔을 삼키지 말자
토해내는 것이거늘

그냥 두어도

온통 가시밭길

모든 짐
무겁게 끌어안고
애타는 마음
가녀린 몸 여위어 지쳐가고

한바탕
넋두리라도 쏟아 놓고 싶은
벙어리 냉가슴

어쩌면
그냥 두어도
그렇게 그렇게 흘러갈 것을

울 엄마의 기도

그 숱한 나날
새벽잠 설치며
옹달샘 맑은 물 조롱박에 길러와
안마당 돌담 밑에 정화수 놓고
치성(致誠) 드리던
울 엄마

30여 년 모진 고난 온몸으로 안고
6·25 때 군대 간 아들 기다리며

봄 가고
여름 가고
검던 머리 하얗게 빛바래고
못내
까맣게 까맣게 탄 가슴

지금은 텅 빈 고향 집 아련히 떠오르네
눈물 삼키시던 마른 모습
울 엄마

느티나무 아래서

한 아름 차고 넘치던 늠름한
그 느티나무

길손들이 놓고 간
품에 한가득 돌탑을 안고 가슴 넓던
그 느티나무

이제 와 보니 마을 지킴이 당당하던
그 모습 어디 가고 초라하게만 보일까
내 눈이 커졌나
나무가 작아졌나
지팡이 짚은 수령 250년 느티나무

내 어릴 적 정(情)담은 추억만은
아직도 듬뿍 서려 있네
여기서 쉬고 싶다 시름 보따리 내려놓고
추억이 숨 쉬는 고향의 동구 밖
이 느티나무 아래서

2부

유리공주 인형

흠뻑
비에 젖은
애련(哀憐)한 모습

공주인형 만들어
유리상자 속에 넣었다
화려함 속의 고독이랄까

남산에 올라 1

울쑥불쑥 자갈길
질퍽거리던 흙탕길도
즐거운 놀이터
그 해맑은 동심은 묻히고
대리석을 펼친 듯 깔끔해서 낯설다

너울너울 손잡아주던 만초(蔓草)는
머리 깎고
앙증맞게 길섶에 앉아서
새침을 떠네

아른아른 향수에 젖던 정겨운 산자락은
끝없이 펼쳐진 오색찬란한 빌딩 숲
이 아름다움 속의 허전함은
웬일

추억의 실타래를 풀어 본다
남산에 올라

이름 하나

그리움
이름 하나 짓고
아쉬움 남아

뒤뜰에
창가에
여기저기

알뜰히 새겨놓은 님 흔적
아른아른

가슴 속 깊숙이
똬리 틀어 파고드네

유리공주 인형

흠뻑
비에 젖은
애련(哀憐)한 모습

공주 인형 만들어
유리 상자 속에 넣었다
화려함 속의 고독이랄까

해일처럼 밀려오는 설움
그 파도
붓 하나 잡고 막아본다

꺼내면
무너질까 두렵고
톡, 건드려도 잿빛 될까 두렵다

꽁꽁 휘감은 번뇌
상자 속에 인형
누구의 자화상이런가

빨갛게 익어버린

아린 가슴
어귀에
아지랑이 피네

쓰디쓴
사랑의 미련 그 조각들
긴 겨울 눈더미 속 깊숙이
묻힌 줄 알았거늘

종다리 봄노래 소리에
그리움이 부스스 눈 비비고
가슴 속에 안기네

봄 가고 여름 가고
못내 잊지 못해
빨갛게 익어버린 내 안의 그대

기차를 타고 여행을 2

도심지를 빠져나온 한적한 시골
기차를 타고 여행을

손짓하는 살랑바람이 논배미에 한가득
못자리서 갓 이앙(移秧)한 여린 연둣빛 아가들
일광욕 한창이네

아련히 떠오른다 내 어릴 적 모습이
모내기에 끼어들어 허둥대다가
질퍽거리는 논바닥에 넘어져 아기곰 되고
온통 하하 호호 박장대소

웃든 아낙네들 못줄에 걸려 한꺼번에 넘어져
흙탕물을 뒤집어쓴 괴물이 되어 우글우글
웃음바다 되었지

빙그레 피어난다 내 얼굴에 미소가
추억은
풍성하게 마음을 살찌우고

바닷가에서

파도는
멋진 곡예 연출하네

막혔던 가슴 골짜기
산소 같은 바람이 흐른다

눈물 옹달샘 물꼬를 터
여기에
펑펑 쏟아버리고 싶다

날고 싶어라
멈추지 않는 날개를 달고

사노라면

계절도 모르고 핀
장미 한 송이
환희로웠던 그림자 안고
아쉬워하네

호숫가에
비둘기 한 마리
그 설움 목울대에 매달고
슬픈 울음 운다
구구구

그런들 어찌하리
사노라면 그냥 또 살게 되리라

평범한 날들이

이젠
또 몸이 웬 아우성
더듬거리며 약병을 찾는다
아픈 머리를 움켜잡고 몸부림친다

예리한 칼날로 찌르는 듯
날카로운 손톱으로 할퀴는 듯
얼굴 신경선 따라 그 줄기줄기 쪼아대는
악마의 창(鎗)
이 고통 울음도 사치
땀에 흠뻑 젖어 헐떡이는 숨이 목까지
차올라도 견뎌내야 하는 무지함
소름이 돋고 현기증이 난다

어이할꼬
울음마저 숨죽여 떨고 유황불의 고통이
이 같았으랴 얼마나 더 괴롭혀야 멈추려나

이제 알 것 같다 외면했던 그 평범한 날들이
간절히 바라는 행복이라는 것을

예쁜 발걸음

흐린 눈빛
쓰러질 것 같다
시간은 쉼 없이 흐르고

해 질 녘
어둠은 소리 없이
창밖을 휘감는다
야윈 몸 깊은 수렁으로
더욱더
소용돌이치며 빠져드네

고운 미소
전복죽 들고 온 예쁜 발걸음
은혜
내 마음 훈훈하여라

희망

웅크리고 있다
날개 다쳐서

어젯밤
또 비가 내렸나

젖은
날개 기지개 켜고

한 줄기 빛
날개 위에 내릴 때
미소 지으리

다시 오늘이 오고

눈을 떴다
기도의 불빛이었나
누구의 간절한

아직 잿빛 침대 위에
형체만이 덩그러니

병실에서 흐르는
여기저기
애절한 신음소리 들린다

숨을 쉬고
걷는다는 건 축복인 것을
사랑하리라
생명 있는 모든 것을

주의 말씀은

내 발에 등(燈)이요

내 길에 빛이나이다

시편 백십구 편 백오 절

나는 누구?

비바람 심술에
방수모자 야무지게 눌러쓰고
눈 감은 꽃눈
새침하다

홀로 터벅터벅
외로움만 졸졸 뒤를 따르고

나는 누구?
당당하던 아내
아가 엄마

지금 그 자리에 고독이 휩쓴다

그제도
어제도
바쁜 듯 설레발 떨어보았지만
이방인
나는 누구인가

희망의 나래가

재래시장
왁자지껄

그곳에 한몫 끼어
추위에 떨며 도라지 까던
할머니까지

생존 경쟁이 치열한 골목시장
역시
살아있다는 느낌
가슴을
찡하게 불을 붙이네

삶의 활력
용솟음치고

겨울 어느 날

눈이 오나 보다
덜컹거리는 창문
빈틈 사이로 스며드는
바람은
왜 이리 차가운지

장작불 지핀
온돌방보다 더 훈훈한

타오르는
벽난로보다 더 따뜻한
그대 미소가 그립다

눈꽃 흩날리는 날은
부디 오소서 날랜 걸음으로

아직도 겨울

눈비
칼바람 모질게 참고
길섶에 제비꽃이 피었네
작은 풀꽃도

뒤뜰에 가녀린 새 한 마리
시린 날개 움츠리고
아직도 겨울

지칠 줄 모르는
빛바랜 사랑에 꽁꽁 포로 되어
봄 온 줄도 모르나

꽃 피우려고

흩날려 뒹구는 마른 잎
따스함을 갈망하는
작은 산새 그 눈방울

앙상한 가지마다 털모자 쓰고
떨고 있는 꽃눈

혹독한 칼바람의 쓰라림이
절망 아닌 시작이었나
내일 꽃피우려고
모질게도 견디는 너희

애간장 타는
산고의 진통이라고
살짝 귀띔이라도 해 주렴

봄

돌 틈 사이로 살며시 내미는
노오란 아기 손

이제
짓궂던 겨울 녀석은
뒷걸음질하며
찬바람 꼬리 잡고 흐느적거린다

햇살 날갯짓하는 연붉은 봄
놀라워라

핏기 없는 하얀 이 손에도
불끈 봄이 한 줌

우리 만남은

마른 잎 비집고
연둣빛 봄
내일 찬란하게 펼쳐질
꿈의 나래

꽃 피고
또
꽃 떨어지고
돌고 도는 자리매김
서리서리 아쉬움 듬뿍

봄
우리 만남은 몇 번이 남았을까
서러워 마라
발자국마다 줄줄이 구슬 있음이야

고향 가는 길

흐드러지게 핀
아카시아꽃 하얀 향기

활짝 웃는
탐스러운 찔레꽃 송이송이
길게 뻗은 낯익은 찔레 새순은
어릴 적
학교길에 뚝 꺾어 씹어보던
달짝지근 그 맛
고향의 맛이런가

길섶에 꼬마 앵두꽃 합창
가지 휘어질 듯 분홍 꿈 안고
알알이 엮어놓은 정겨운 추억 따라
허기진 가슴에 피어나는 미소
고향 가는 길

추석 빛

설렌 가슴
기쁨 주던 옥색 빛 한가위
밤늦도록
한마음으로 둥실둥실

온 동네 아름다운 전설이
휘휘친친 감겨있는 느티나무
밧줄 매어
치맛자락 휘날리며
그네 타던 꽃처녀들

고깔모자 쓰고
입도 코도 삐뚤삐뚤 탈바가지
히쭉 실쭉 신나는 몸짓
풍물놀이 한마당

이제
꿈속에서 본 듯 나선 고향
빛바랜 추석 빛

옛 친구 1

단발머리 몽당치마
고무줄놀이 즐기던
옛 친구

까르르 웃던
이유 없는 웃음 한 마당
발그레 진달래 꽃잎 같은
풋풋한 산딸기 얼굴

세월 앞에 퇴색된
할미꽃 낯선 모습
이제 추억만 남았구나

두 손 마주 잡고 눈물 그렁그렁
그리움 흠뻑
아쉬움 흠뻑
내 고향 옛 친구

밍밍이

내 몸을 지키지 못해
너를 지키지 못하는구나
미안해 밍밍이

또르르 구르는
작고 하얀 털실 뭉치에
까만 포도알 야무지게 박아놓은 듯
예쁜 눈 밍밍이

쫄랑쫄랑 붙어 다니던 껌딱지 아가
내 품을 한 치의 양보도 모르던
귀여운 욕심쟁이
멀어져가는 차창 밖으로
슬픈 눈 껌뻑이며 길게 바라보던 너

사뭇
그 눈빛 잊지 못해
아직도 어른거리는 너의 그림자
나의 애견 밍밍이

3부

여름앓이

어찌 그리 한이 많아
목 터져라 우는가

땅속 긴 생명 연명의
애환이런가
슬퍼도 울지 못하는 누구
대변의 통곡이런가

꿈

눈꽃 송이
모아 모아
찬란한 궁전 만들고
폭 폭마다 뭉게구름 피어나듯
새하얀 드레스 그 황홀함

희망의 축가 울려 퍼져
결혼식장 가득히
행복의 나래
너울너울 춤을 춘다

찬바람
덜커덩
창문 흔들리는 소리
깜짝

꽃단장 눈부시던 신부는 자취도 없고
해님이 노을 붉은 창가에
할미꽃 한 송이

여름 앓이 1

녹색 짙은
숲
사연 두껍고

맴맴 쓰리쓰리 찌이잉
어찌 그리 한이 많아
목 터져라 우는가

땅속 긴 생명 연명의
애환이런가
슬퍼도 울지 못하는 누구
대변의 통곡이런가

만초(蔓草)는
어우렁
더우렁
한 계절 잘살아 보자는데

가슴에 내리는 비

뙤약볕
쏟아지던 그 여름

때아닌
천둥 번개
하늘은 암흑 속
정원은 허물어지고
그 사람 어디에

핏빛으로 물든
아린 가슴

소리 없이 내리는 설움은
눈물인가
빗물인가

빗소리

스륵
스륵
빗소리는
설움의 흐느끼는 소리

토닥
토닥
빗소리는
귀에 익은 발걸음 소리

먼- 길 떠나려다 발길 아쉬워
혹여
뜨락으로 되돌아오는
그대인가

여름 앓이 2

여름밤
늦도록 울어대는
목쉰 매미 소리
애달고

애수에
흠뻑 젖은 그리움
가슴으로 스멀스멀
물들어 온다

어슴푸레 그림자 하나
쉼 없이 일렁이네
둥지 허물어질라

남산에 올라 2

'아이스케이크' 외치던
까맣게 때 묻은 얼굴
눈만 반짝반짝
가슴 아리던 까까머리 그 소년들

쉼 없이
여기저기 들려오는 넋두리
타향살이 설움 서려
털어놓던 회포
틈틈이 정(情) 담은 얼굴
넉넉한 웃음소리

양 볼에 솜털이 뽀송한
꿈을 안고 서울 상경 새내기 숙녀 시절…
풋풋하던
그때 그 추억의 실타래를 풀어 본다

세 잎 클로버

네 잎 클로버
행운 찾으려다
무심코 밟은
세 잎 클로버

온종일
헤매어도 보이지 않네
네 잎의 행운은
요행의 꿈이었나

옹기종기 모여앉아
순박한 미소
그 이름이 행복이라네
세 잎 클로버

향기

하얀 뭉게구름
몽땅 모아 쏟아 놓았네
메밀꽃 뜰에

활짝 웃어 예쁜 꽃
작아서 예쁜 꽃
너라서 더 예쁜 꽃

가녀린 몸이지만
그 향기는
온 누리에 가득하다

여장(旅裝)을 풀고

소나기 내려 초록 잎들
더욱 짙게
덧칠해 놓고

진한 풀 향기 파랗게 토하며
여름이 익어가네

목청 높여 노래하는
숲속 악단들의 합창
설레는 벌 나비 흥겨운 나래 춤

숨 가쁘게 달려온
인생 여정

여기에
여장을 풀고 흠뻑 젖고 싶어라

기차를 타고 여행을 3

휴게소
구수한 가락국수 한 그릇
국물까지 쭉-
추억의 맛을 음미해 본다

그때 그 맛을 비교할 수 있을까

대구에서 서울까지 밤새도록
칙칙거리던
그 완행열차 연탄 매연
온통 얼굴은 새카맣게 그을려도
꿈은 반짝거리던 그 소녀 어디 갔나

이제 흰머리 숭얼숭얼

그래도
걸을 수 있고
볼 수 있고
느낄 수 있음에 감사한 것을…

밤바다

어둠을 삼키는
밤 배의 은은한 불빛

온 밤을 짓 새며
바다는 숨죽여 흐느끼고
무슨 사연이기에

그냥 묻어 두렴
울음 파도 무섭게 밀려올까
저어되니
이러저러
그저 오늘은 고요하고픈 마음

흐르듯
멈춘 듯한 물결 위에
그리움 그려 보는
나만의 밤바다이고 싶어라

정(情)

꽉 찬 것도 같고
텅 빈 것도 같고

스멀스멀
끈끈하게 달라붙어
가슴속에 똬리 트네

사랑도
미움도
뭇 세월 타다남은
그 미련의 응고(凝固)
이것이 정이었나

백지(白紙)

비탈길
굽이굽이 길은 멀고
어디로 가야 하나

해묵은 사랑
악착스레 놓을 줄 모르는
신념
그 잔해들

그제도
어제도
이제 송두리째 내려놓고

오늘은
조용히 순수한 초록빛 그림
백지에 그리고 싶다

향수(鄕愁)

청솔가지 불태운
매운 연기 속에서 앵앵거리던
모기떼

안마당 평상 위에 호롱불 켜놓고
옹기종기 둘러앉은 동네 할머니
그 가운데
고담(古談) 책 읽으시던 아버지
달빛 속에
그 목소리 구수하게 흐르고
심청전 슬픈 사연에
눈물 글썽이던 순수한 모습들…

콩 가지 모닥불에 그슬러
너도나도 한 입 한 입 개구쟁이 아이들
숯 검둥이 얼굴로 하하 호호

전설 같은 그림 한 폭
향수

어머니표 명주

뒷방에 실낱같은 누에 아가들
층층이 한가득
뽕잎을 안고 위아래 넘나들며
숨바꼭질한다

보릿고개 시절 허리띠 졸라매고
깊은 산 오르내리며 뽕잎 따던 어머니

튼실하게 잘 자라준 누에 녀석들
한 잠 두 잠 세 잠을 자더니
둥지 틀 준비를 하네
덮어준 청솔잎에 하얗게 매달린 땅콩 닮은
누에고치

따끈한 물 위에 동동 뜨는 고치를
재빨리 실을 뽑고 고소한 번데기만 남긴다
물레를 돌려 곱게 다듬은 실 방울
바구니에 한가득

어머니는 요술 손

보채는 어린 아기 토닥토닥
장작불 지핀 구들방 아랫목에 잠재워 놓고
철그덕 철그덕
밤새도록 베를 짠다
새벽녘 장닭 날갯짓 울음소리 요란하고…

북 실이 오가고 씨줄 날줄 엮어져 베틀 아래로
스르륵 스르륵 흘러나온다

애환의 어머니표 명주 천

길섶에 핀

단아한 모습
접시꽃

어제도
오늘도
그 자리 길섶에서

혹여
반가운 얼굴 찾아올까
살뜰히 기다리는
꽃잎마다 어머니 얼굴

길섶에 핀
향수 어린 접시꽃

한 생명의 빛

동전 하나에도
애착스런 맘으로
허리춤 주머니 속에 밀어 넣던 알뜰함

천년을 살 것처럼
아등바등 갈고리 그 손
텅 비었더라
정신줄 놓은 요양원 길
그 할머니 마지막 쉴 곳인 것을

한 생명의 빛이 희미하게 깜빡거린다
안타까움 애절함 파도처럼 출렁이고
애지중지하던 그 가구들은
어지럽게 붙어있는 폐기 처분 노란 쪽지
바람에 찢기어 흩날린다

허무
더욱 짙게 덧칠하는 듯
인생무상이여

서글픈 훈장

더운 여름날
공원 산책로
하얀 서리 내렸나
듬성듬성 머리 위에 눈꽃 피고

송이꽃 만발한 검버섯 이마
깊게 파인 나이테 계급장
휘어진 등
힘겹게 걸어가는 저마다의 몸짓

치열했던 삶의 뒤안길
알아 줄 이 없는
서글픈 훈장 이런가

웃는지 우는지

달달 드르륵
녹슨 바퀴 소리

손수레에 들쑥날쑥
못난이 종이박스들
거친 손으로 보물처럼 만진다

힘겨운 걸음걸음 찡그린 얼굴은
웃는지 우는지
그 할머니

어디에 다 바친
서글픈 그림자인가
오늘도 저만치서 달달 드르륵

지는 노을 쓸쓸히
등 뒤에 내려앉고

공허

오늘 새벽은
참
고요하다

마음은 어디론가
하염없이 날아다닌다

그냥
그저

찔레꽃 피워

황톳빛
산등성
찔레꽃 피는 길섶
애달픈 사연만 달아 놓았네

끝내 못다 한 말
검은 옷섶에
설움으로 흐르고
턱까지 차오르는 붉은 흐느낌은
목쉰 메아리로
아린 가슴 비집고 똬리 튼다

궂은비 멈추는 날
하얀 찔레꽃 곱게 피워
그대 곁에 두리라

하늘로 보내는 편지

아지랑이 몰고 온
온 누리 노란 봄

마음의 봄은 왜 이리도
시리기만 할까요
돌덩이 안고 벙어리 냉가슴 앓듯

지성(至誠)으로 기도드려
하나님의 은혜로 귀한 아들 얻어
커가는 모습
귀여운 재롱에 웃음꽃 피고
따스하던 우리 둥지

희망으로 가득 찬 새집 장만할 때
들뜬 마음 잠 못 이루고
새로 들인 가구들을 닦고 또 닦았지

그 순수한 행복이
슬픈 추억 되어 가슴이 아려옵니다

시골 어느 산기슭에
아담한 집을 지어
개울물 흐르는 언저리 돌탑 쌓고
꽃도 심고
약초도 캐고
여름은 거기서
겨울은 여기서

행복하게 살자던 그 약속을
미완성으로 끝내버린 당신이 미워집니다

이제
내 머리에도 하얀 눈꽃이 피었어요
조금만 더 함께 할 수 있다면
넉넉한 가을 언덕에서
흐뭇한 웃음꽃 피웠을 것을
당신
아직도 안녕이란 말은 하지 않을래요

4부

노을의 창

빛나던 꿈
풋풋한 청춘의 단상(團爽)
기억의 잔해들 모두 캐내어
아름다운 노래로 엮어
고즈넉한
해넘이 노을 고운 창에 그려 넣으리

가을 문턱

무더위
엷어지고

눈부시던 꽃들은
희미한 갈색 미소

숲속
악단들의 노랫가락
애틋함

이젠
은은히 가슴으로 들리네

만추

온 산을
휘돌아 색칠하던 가을

흩날리며
우아하게 주단을 깔고
가을을 노래하네

궂은 비
이별주에 흠뻑 젖어
못내 참았던 설움 가득
울먹이는 계곡에 토하고

애환의 만추
짙게
짙게
수채화를 그린다

가을꽃

세월의 나이테 곱게 빗질하여
하늘로 바다로
훨 훨

때로는 졸졸 흐르는
실개천 섶에서 수다 떠는
작은 풀꽃의 친구가 되고 싶다
깔깔 웃고
펑펑 우는

어느 날은 여유 있는 저 넓은 숲
미루나무 아래서
내 어제의 그림을 음미하며
내일은
못다 한 꿈의 나래를 펼치고 싶다
넓고 푸르게

저물어 가는 내 가을꽃 봄꽃이 되어

노을의 창

눈꽃
머리 위에 휘날리고

빛바랜 세월의 뒤안길
겹겹으로 쌓인 갈피 속에
젊은 날이 잠들어 있었네

메마른 가슴 속
감정의 조각들을
무엇으로 불을 지펴볼까

빛나던 꿈
풋풋한 청춘의 단상(團爽)
기억의 잔해들 모두 캐내어
아름다운 노래로 엮어
고즈넉한
해넘이 노을 고운 창에 그려 넣으리

꽃잎 하나

꽃으로 피어나
그 모습 빛나더니
이젠 늦가을

아직은
꽃인 줄 알았더니
아쉬움 붉게 타는 단풍 되었더라

은은하고 순수한
그 삶의 수채화는 아름다움

혹여
걸어가는 길
뒤늦게 회색빛이 될까 저어하노라

늦가을에 1

갈 곳이 없다
쉴 곳이 없다
어디로 가야 하나

무엇을 담고
무엇을 버릴 것도 없는
텅 빈 가슴

쉼 없이
가을이 흩날린다
낙엽이 흩날린다

그러다
그러다
슬픈 울음 우는 낙엽은
어디에 머무를 것인가

기차를 타고 여행을 4

산언저리 작은 한 마을
자태를 뽐내는 빨갛게 익은 감
여행하는 나를 유혹하네

'서울에서 왔구먼'
달콤한 홍시 바가지에 듬뿍 담아 주는
인심 좋은 할머니 풍성한 미소

한나절 알밤 줍기 극성
밤송이 입 벌릴 때 쏟아지는 그 횡재
마음 설레게 하고

어스름밤 횃불 켜 들고 개울물에 비출 때
눈치챌까 가슴이 콩닥콩닥
가재들 여기저기 슬금슬금 기어 나온다
온 동네 푸짐한 가재찜 잔치

여행은
선물
삶의 여유…

가을 잎 단풍

무지개 고운
꿈만 꾸다가
못내 얼굴 붉어졌나
가을 잎 단풍

이젠
늦가을
비우고 또 비우니
고요하여라

바람에 흩날려 숨는다 해도
고운 잎은 고운 잎
아름다움 한 아름

계절 바퀴

낭만을 수놓던
가을 잎
마지막 한 잎마저
흔들어
서운케 떨구고
그 서슬 퍼렇던 겨울

봄의 미소 온 누리 휘감는
노란 향기에

겨울은 또
날개 속에 찬 바람 감추고
어슬렁거리며 길을 나선다

계절 바퀴
쉼 없이 돌고 도는
그 뭇 세월 채찍질
온몸 시달려 지쳐만 가네

담쟁이 닮은

갈고리 손톱
돌 틈 사이사이
억척스레 오르네

긴 긴 날
뙤약볕 온몸으로 안고
이모저모 무던히도 애썼건만

그 오른 곳이 어디였나
환희인가
허무인가

담쟁이 닮은
이 손
앙상하게 메말라
부러질 듯 가엾구나

달빛 비애

가을밤
가슴 저미는 달빛의 비애
애절함

이 밤을 흔드는 귀뚜라미
너 때문이라고
넋두리한다

무거운 침묵 속에 묻어 둔
그 아린 기억들

온통
터질 듯
애달피 긴 밤이 흐른다

가을비

못내 참았던
갈색 설움
가을비로 흐르네

애수에 흠뻑 젖은
어느 가녀린 여인의
애절한 가을 편지일지도

살며시 왔는데

여기 홀로 있다
그 어둡던 잿빛 속을 떠나

밉지도 않다
싫지도 않다
다만 홀로 있고 싶어
그대

나는 숲으로 가고 있다
살며시 왔는데
괴로움아
너 어이 알았는가
놓아줘

머리 위에 꽂아둔 핀
빛바래 자취도 없고
여위어 가는 가슴
이제 조용히 쉬고 싶다

늦가을에 2

바람의 심술
겁먹은 눈망울 껌뻑거린다

낭만이라 이름 지어 놓고
고운 색으로
꿈 한번 그리려다
떨어져 서럽게 몸부림치는 낙엽

지친 해는 서산마루에 길게 눕고
가을이 흩날린다
낙엽이 흩날린다

서러워 마라
이런저런 쓸쓸한 사연
어디 너 하나 뿐이런가

늦가을에 3

연분홍 꽃도 아닌
초록빛 잎도 아닌

가지 끝에
마른 잎이었나

외로움 날개 달려
서러움 불러오니

고뇌의 줄을 끊고
자유롭고 싶어라

봄을 향하여 1

꿈을 안고
휘어 휘어 고지로 가는 길
쉼 없이
봄 가고 여름도 가고

어느덧
해넘이 노을 앞에 빈손으로
우두커니
아직도 꿈은 저만치 멀고
덧없이 내 마음 여위어 가네

어쩌면
이제 걷던 길 지쳐
영영 쉬어 버릴지도
서글픈 아쉬움 짙어지네

봄을 향하여
크게 한번 소리쳐 보렴
사무치도록

노을의 아쉬움

친구들 단톡방

"올해는 건강해야지"
"맛집 다니며 음식도 먹고
수다도 실컷 떨어보자"
"그려 그려"
"꽃구경도 가야지…"

아쉬움 서려 있는 서글픈 넋두리들
꿈만 찬란하고
이런저런 이유 많더니
해 질 녘 설움에 후회의 긴 한숨 소리

기미 주름 나잇살 감추려고
덕지덕지 화장 애처로운 모습
그래도 내일보다
오늘이 젊은 날
지금을 즐겨보렴

봄을 향하여 2

꽃 한 송이
풀 한 포기
온 누리 모두 사랑스럽다
이리도
눈물겹도록 아름다울 줄이야

가슴을 활짝 열고
웃고 싶어라
가슴이 터지도록
울고 싶어라

해 질 녘 그림자 길게 눕고
서글픈 아쉬움 짙어지네

봄을 향하여
크게 한번 소리쳐 보렴
사무치도록
사무치도록

그곳은

찬 서리 바람막이
그곳은

언제나 봄날
싹틔울 듯 따뜻한
웃음꽃 피던
그곳은

아린 가슴
먹구름 드리울 때
세세한 사연 적어
보내고 싶던 곳

친정이란 울타리

옛 친구 2

고향 같은 미소
다정히 잡은
야윈 손
향수(鄕愁) 어린 따스한 사랑

추억의 뒤안길
곱던 얼굴
주름살 덧칠하고

그 모습 속에
나를 보는 듯 눈시울 젖는다

그 집 앞

좁은 골목에 서면
눈물 글썽이며 잡은 손을 놓을 줄 모르던
그 할머니

작은 지하 단칸방 곰팡내 짙었고
낡은 침대 옆에 화면이 들락거리는 TV 한 대
납작한 서랍장 위에는 이불 두어 채 올려져 있고
빛바랜 벽엔 몇 가지 옷이 걸려 있으며
구석에는 양말들이 짝을 잃고 어지럽게 흩어져 있었다

부엌에는 검게 그을린 양은 냄비와
밥공기 하나 국그릇에 수저
유리병 속엔 물기 없는 김치와 무말랭이가 있을 뿐

울컥하며 쏟아지는 눈물을 삼켰다
곧 밝은 미소로 할머니를 다독이며
머리도 시원하게 잘라드리고
요즘 재밌고 신나는 젊은이들의 생활 모습 얘기를
들려드릴 땐

"그래, 우리 때는 어떻게 살았고…"
하시면서
소녀 같은 미소로 추억의 얘기를 줄줄이 쏟아내시면서
즐거워하던 할머니
그 얘기 속에는 무언지 외로운 뜻이 담겨있었다

아픔과 설움 속에서 우리의 방문에
어린아이같이 좋아하시던 할머니
이제 먼 곳으로 가시고…
독거노인 봉사한 지도 어언 십여 년
그 어둠 속 모습을 우리는 수없이 보아왔었지
영영 잊을 수 없는 그 할머니
지금도 가던 길을 멈추고 그 집 앞을 서성거린다

등대

집 앞에
차 한 대 서 있다
감자 콩 배추 농산물을
줄줄이 놓고
미소로 바라본다

그 숱한 어둡던 날들
내 삶을 짓누를 때
힘내라 토닥이며
사랑으로 안아주던 시가(媤家)
마음의 등대

시가(媤家)는 싫어서
'시' 자가 들어있는
시금치도 싫다는 옛말이 있거늘

그 옛말도 모순이어라

그림 한 점

내 가을
끝자락에
그림 한 점 그리고 싶다

햇빛 쏟아지고
비 쏟아지고
찬란하지도 않은
특별하지도 않은
그저 순수한

내 마음 닮아있는
그런 그림 한 점 그리고 싶다

혹여
후일 그 그림 소복이 먼지 쌓여
고독이 휘감을지라도

5부

작은 풀꽃이 보일 때

빛 하나
평온한 마음 밭에 심으리
이 고요함!
작은 풀꽃이 보일 때
행복이어라

첫눈

눈이 온다
펑 펑
쏟아지는 눈꽃 잔치

갖가지 어지럽던 온 누리
하얗게 새 단장 하고

쉼 없이 눈꽃 송이 나래짓
깊은 잠 자는
내 심장을 깨우네

가슴 밭에 길을 열고
메마른 이랑마다 꿈을 심는 손님
첫눈

가끔은 이래도

작은 눈꽃 나래짓
하느작거린다

꿈틀거리던 시(詩)어들도
게으른 눈꽃에 묻혀
멍-
졸고 있다

넓은 창가에서
빛바랜 일기장 거꾸로 읽으며
이 여유로움
가끔은 이래도 되는 것을

외줄 그어놓고
그 선 지키려 안간힘 쓰며 걸어온
힘들었던 숱한 날들

그늘꽃

햇볕 가려졌던
꽃 한 송이

창문을 열었더니
그 꽃이 웃는다

행복이 숨을 쉰다
삶은 어울림

좋은 인연

꽃길
자갈길
희로애락
부둥켜안고 걸어가는 길

기뻐할 때
활짝 웃어주고
슬퍼할 때
펑펑 울어주는
대변(代辯)
시(詩)의 나래 그 향기

너는 참 좋은 인연 '시'

가슴꽃

꽃이었다
내 가슴에 핀

사랑스럽고
아름다운 나래를 펼치어
숱한 날 함께 꿈을 꾸어오던
은희

소나기 내려 잠시 엇갈린 길
힘들었지만
내일은
파란 하늘 햇볕 따스한 봄 뜰에
우리 웃음꽃 피워보렴

햇빛 쏟아지는 날

부푼 꿈
애써 쌓은 탑
휘청거려 힘들겠지만

염려하지 마라

아직 너는
푸른빛 젊음이 있음에
탄탄한 둥지에
찬란한 무지개 뜨려니

조급하지 마라
삶의 여정 먼 길인 것을

익은 추억이

분홍빛 앳된 꽃잎
수줍던 봄

숲속 악단들의 신바람
술렁이는 축제의 여름

성숙한 오색단장
찬란한 단풍잎 수채화 그리던
낭만의 가을이여

기억 속으로 파고든다
가지마다 털모자 쓴 꿈 꾸는 꽃눈
하얀 겨울 이야기

그립다 성 은 서!
그 공원 여기저기 익은 추억이
주저리주저리 아직도 열려있는데
개여울 물은 속절없이 흘러만 가고
울컥
울음이 쏟는다

작은 풀꽃이 보일 때

해님
구름에 가리더니
어둠이 내리고
회오리바람 휘몰아친다
엉클어진 여정 잿빛 발자국
아픔은
웃음 뒤에 숨어서 울고
설움 절절히 짙게 휘감은
그 울음산
걷고 또 걷고…

봄
잔설 녹은 가지마다 꽃눈 필 적에
빛 하나
평온한 마음 밭에 심으리
이 고요함!
작은 풀꽃이 보일 때
행복이어라

궁전

보수하고 미화해야 하나?
질퍽거리는 길

숨 한번 크게 쉬고
마음 바꿔 보았더니

잿빛 창문 푸르게 열리고
탁자 위에
오색 꽃 해맑게 웃고
금붕어 한가로이 헤엄을 치네
따사로운 봄볕 넘나드는
이 여유

까맣게 잊고 있던 이곳
바로 여기가 궁전이구나

기차를 타고 여행을 5

여행은
뙤약볕 여름에 시원한 소나기

현관문 들어서니
거실에는 애장품들이 옹기종기
담소한다

새롭다
온통 잿빛으로 침울하더니
온화하여라 노오란빛 나의 안식처

암울했던 미로(迷路)
빛이 보인다
숨 막힐 듯 오래도록 괴롭히던 번뇌!

여행은
보약 같은 것
활력을 주고 마음을 치유하고…

사랑의 날개

온 가족
둘러앉아 싱글벙글

오색 밥상
반찬마다 이름표 달고
줄지어 웃는다
수놓은 케이크 오색으로 빛나고
촛불은
붉은 나래 펼치며 춤을 추네

오늘은 내 생일
가족은 따스한 사랑의 날개
행복이
너울너울 미소로 핀다

설날 만둣국

만둣국
고기 김치 갖은 채소
정성껏 싸서

고명으로
웃음까지 곁들었더니

너 마음
내 마음
행복 한가득

새 아침이 밝아온다

사랑꽃 피고

쪼르르 달려와
덥석 안기던

풀꽃처럼 여리고
종다리처럼 재잘대던
사랑스러운 손녀

촘촘 계단
너를 업고 오르내리던 즐거움
힘든 줄도 모르고

온종일
하하 호호
그래도 돌아갈 땐 아쉬움
눈물 펑펑 쏟던 너
귀여운 내 사랑

행복

봄볕 따사로운 뜰에
노란 싹 트고

설레는 가슴 밭에
사랑 하나

너 있고
나 있음에
아름다운 정원이어라

아침 산책길

파란 하늘 해맑은 햇살
도란도란 실개천 물소리
이슬 머금은
작은 풀꽃이 예쁘다
옹기종기 길섶에 앉아 쫑알대는
수다 소리 들릴 듯

어제
먹구름 속에서
그리도 울어대던 애끓는 설움 잊고

꽃잎마다 서린 꿈망울
새 생명 싹틔우고
향기 나는
이른 아침 산책길 발걸음 가볍다

봄은

남아있는 잔설
봄볕에 숨고
가랑잎 사이로 연둣빛 여린 아기
숨소리 고아라

비바람 눈보라 어둡던 고독
거꾸로
봄은 은은한 향 내음 안고
고운 걸음으로 온다

오솔길에도
개여울 섶에서도
꽃무리 함박웃음으로 휘감는다

햇빛 쏟아지고
꽃 폭죽 터지고
봄은 찬란한 꿈 잔치

그리 말하리

뜨개질하듯
삶
씨줄 날줄 엮으며
한 땀
한 땀
정성 쏟았거늘
그 길은 언제나 서툴더라

초록빛정원 살뜰히 가꾸고
때로는 비바람에 힘도 들었지

그러나
잘 살아왔노라고
행복했노라고
그리 말하리
이제 고운 미소로

다 가진 기쁨

새근새근 잠자는
아기 천사
품에 안겨준 하나님의 귀한 선물

방글방글 웃고
뒤집고
기고
서고
뒤뚱뒤뚱 아장아장…

엄마
하고 불렀을 때 이 세상 다 가진 듯
기쁨이었지

성큼성큼 자라나서
어느새 성인이 되어 든든한 울타리
이 한 가지만도 행복한 삶 이유 있음을
사랑해

합작 그림책

고사리손으로
점 하나에도 조심조심
올망졸망 귀엽던 서우 그림
이제 성큼성큼
균형 잡힌 솜씨

할미 한 장
손녀 한 장
정성 모은 그림책
어느새 통통하게 살이 찌고

사랑 듬뿍
추억 듬뿍
즐거움 주는 마술사
갈피마다 행복이 피어난다

가슴을 열고

눈부시게 쏟아지는
태양 빛

흩뿌리는 포말
찰랑대는 이랑마다
바다는 윤슬을 뿌리네

세월의 그을림
골 깊은 주름살 펴고
파도는 너울너울 춤을 춘다

숱한 시름 여기에 던지고
날아보자
가슴을 열고

바다 위에 핀 꽃

온종일 춤을 춘다
남실거리는 파도는

바다 위에 해맑게 핀
웃음꽃들 내 사랑
가슴 뭉클하게 안겨주는 선물
효도여행
제주도 2박 3일

마음의 빗장을 열고
흠뻑 물들이고 싶다

내가 웃고
너희가 웃고
행복도 따라 웃는다

이 아름다움
불변의 수채화로 남으리

비우니 가벼워라

비우니
가벼워라
그냥 바라만 보아도 아름다움
또 하나의 즐거움

다 이룬들
덜 이룬들
인생은 미완성이라 했거늘

숱한 날 애태우던 목마름
그 바래던 행복이

어쩌면
해 질 녘 노을에 고운 미소
단아한 이 모습이 아니던가

아버지와 크리스마스이브

"기쁘다, 구주 오셨네…"
윙윙거리는 새벽바람 뚫고 대문 밖에서 찬송이 들려와 나는 밖으로 나가 돌담 벽에 바짝 붙어서 보고 있었다.

"시끄러워! 그만두지 못해!?"
호통치는 아버지의 거친 목소리에도 아랑곳없이 찬송은 계속되었다. 덜거덕 대문 여는 소리와 함께 성난 무서운 얼굴로 아버지는 긴 막대기를 들고나와 마구 휘두르신다.
그제야 놀란 성가대원들은 모두 흩어지고 그 행사는 엉망이 되었다. 담 모퉁이에서 웅크리고 벌벌 떨고 있던 언니도 교회로 도망치듯 가버렸고…

밤새 소록소록 내린 눈이 그토록 아름답게 그려놓았던 대문 앞 설경은 한바탕 거센 회오리에 마치 전쟁이 휩쓸고 간 성문 앞처럼 난장판이 되어버렸다.

우리 고향인 경상도 시골 한 마을에 작은 교회가 있었다. 주일에는 항상 은은한 종소리가 온 누리에 울려 퍼졌고 교인들은 적었지만 믿음만큼은 아주 컸다.
매년 크리스마스이브 때는 성가대원들이 교인들 집마다 돌아다니며 찬송과 축복기도를 드리는 행사가 있었다.

이 마을에는 우리 문중 사람들이 많이 모여 살고 있었지만, 종교는 달랐다.

교인들 핍박은 날로 심해졌고, 딸을 예수쟁이로 잘못 키웠다며 문중 사람들의 그 비난의 화살이 아버지께로 쏟아졌다. 평소 아버지는 과묵하시며 인자하시고 마을에선 존경받는 분이신데 정말 화가 많이 나신 것 같았다.

그 후 우리 집 담장 위에는 가시넝쿨이 빽빽하게 휘감겨졌고 주일에는 대문이 굳게 잠겨졌다.

가시넝쿨 사이에 구멍을 내어 몰래 들락거리다가 가시에 찔려 피를 흘리면서도 교회로 가는 것을 우리는 끝내 멈추지 않았다. 어느 가을날 추수 때 식구들이 둘러앉아 저녁 식사를 하던 중 아버지는 한말씀 묵직하게 던지신다.

"내일 아침 일찍, 아랫마을 뒤편에 벼 베러 가자."

바로 내일은 주일이고 우리를 교회 못 가게 하려는 것이다. 다음 날 아침 일찍부터 아버지는 주섬주섬 농기구를 챙겨 나가시고 식구들도 모두 따라 들로 나가고, 나는 집에서 청소하면서도, 왠지 마음이 불안해졌다.

얼마 후 식구들은 다시 집으로 돌아왔다. 아버지는 중얼중얼하시면서 계속 헛기침하신다.

"허 참, 이럴 수도 없고 저럴 수도 없으니…"
하시면서

아니나 다를까, 어젯밤 언니는 밤새도록 그 벼를 다 베 놓고 오늘 교회로 갔던 것이다.

어느 땐가 교회에서 목사님 말씀 중에 오늘 같은 말씀을 들은 적이 있지만 참으로 놀라운 일이다. 언니 나이 겨우 18세 그 가녀린 몸으로 3마지기가 넘는 논의 벼를 이슬 내리는 어두운 밤에 다 베었다니 주님 은혜의 기적이 아니고서야 이럴 수가 있을까.

이렇게 연속되는 갖가지 일 때문에 결국 언니는 오빠가 계시는 서울로 떠났다.

그 후 우리 집은 많은 변화가 일어났다.

억지와 다툼이 아닌 오직 성경말씀으로 은혜받게 되고, 아버지는 차츰 주님을 알아가는듯 하시고, 나는 기쁨과 새로운 삶의 아름다움을 느꼈다.

새벽마다 옹달샘 물을 가져와 돌담 밑에서 6·25 때 군대 간 아들을 위해 알 수 없는 신을 섬기던 어머니는 이제 교회로 나가서 하나님께 기도드렸다.

12월 24일 크리스마스이브.
그때 그날처럼 대문 밖에서 찬송이 들렸다.

"기쁘다, 구주 오셨네…"
성가가 울려 퍼지고 축복의 기도 소리도 들렸다. 아버지께서 조용히 나를 불러

"이거 가져가."

하시며 과자 봉지를 슬그머니 내미신다. 호랑이 아버지 모습은 사라지고 환하게 미소를 가득 담고 있었다. 나는 울컥해서 눈물이 주르르 흘렀다.

응답주신 하나님의 은혜 진심으로 감사기도 드리며
영영 잊을 수 없는 아버지의 인자하신 그 미소와
그때 그 크리스마스이브.

해설

생의 시간을 의식한 심적 갈증과 진솔한 독백

손희락 (시인·문학평론가)

해설

생의 시간을 의식한 심적 갈증과 진솔한 독백

—손희락(시인·문학평론가)

1. 의식의 전환점 — 등단 전과 등단 후

김승희 시인은 2016년 『서울문학』을 통해 문단에 데뷔한다. 존재와 사물을 언어로 결합시키는 창작의 세계를 통해 2025년 『작은 풀꽃이 보일 때』를 상재한다. 어떤 존재론적 사건을 겪은 자의 언어 속에 인생이 녹아들었고, 그 인생의 경험들이 변용된 시세계를 구축한 것 같다.

해님
구름에 가리더니
어둠이 내리고
회오리바람 휘몰아친다
엉클어진 여정 잿빛 발자국
아픔은
웃음 뒤에 숨어서 울고

설움 절절히 짙게 휘감은
그 울음산
걷고 또 걷고…

봄
잔설 녹은 가지마다 꽃눈 필 적에
빛 하나
평온한 마음 밭에 심으리
이 고요함!
작은 풀꽃이 보일 때
행복이어라

—「작은 풀꽃이 보일 때」 전문

2연 17행으로 짜인 시에서 "작은 풀꽃이 보일 때" 나는 행복에 젖었다고 표현한다. 화자의 풀꽃은 일반적인 꽃이기보다는 생의 환희나 진리적 깨우침을 내포한다. 첫 연에서 "울음산 걷고 / 또 걸었지만" 보이지 않던 꽃이다. 소개한다. 풀꽃에 내포된 의미가 크기 때문에 시집의 표제로 취택한다. 인생길에서 작은 풀꽃이 선명하게 보였다는 시적 목소리는 다양하게 변주된다. '작은 풀꽃'을 부각시킨 의도는 크고 화려한 것만을 찾는 독자의 의식을 전환 시킨다. 인생길은 해, 구름, 어둠, 회오리바람이 휘몰아치는 길이다. 웃기도 하고, 울기도 하면서 걷는 길이다. 그 길

위에서 "작은 풀꽃"을 발견한다. 과거엔 무심코 지나쳤지만, 시인의 존재를 뒤흔드는 커다란 사건, 혹은 경험의 체화를 통해 사물을 보는 탐구적 시력이 좋아졌고, 인생가치관이 변환된 때문이다.

끝자락에 심었다

발자국
아쉬워

초록 정원
꿈꾸는 가슴밭에

한 알 씨를

—「섣달」 전문

시인의 삶은 인생과 함수관계가 있다. "생각과 느낌"을 독자와 공유하는 시적 메시지는 생의 한 지점에서 분출된다. 이 시에서 주목할 부분은 "끝자락에 심었다"는 진술이다. 어느 해, 섣달에 시가 쓰여졌겠지만, 독자를 수용하는 지점은 년과 월을 초월한다. 김승희는 인생 끝자락을 강조한다. 2연에서 "발자국 / 아쉬워"라는 독백을 한다. 생의 끝자락, 혹은 발자국 찍는 여행이 중단되는 단계에 진

입했다는 고백이다. 생의 마지막을 의미하는 「섣달」이란 제목이 아주 절망적이지는 않다. 절망과 희망이 공존한다. 새로운 해, 정월을 맞이하는 것은 신의 영역에 속한 때문이다. 그는 "한 알 씨"를 심었다고 진술한다. 그 씨앗은 얼어 죽지 않고, '시집상재'라는 영광스런 싹이 트는 결과를 낳았다.

2. 탐구자의 삶과 존재의 언어

　등단 이후 김승희의 인생행보엔 변화가 생겼다. 일반인에서 탈피한 시인의 행보는 과거와 동일하지만, 자아체험과 사유의 깊이는 삶의 궤적을 달리한다. 사물과 사건, 사람을 대하는 의식과 관점이 변한 때문이다. 고로 시인은 탐구자인 동시에 철학자이다. 깊은 탐구과정을 거친 시는 어감의 차이, 시적개성 등에서 편차가 뚜렷해진다.

　해님이런가
　신기루이런가

　온종일
　그리다
　지우다
　까맣게 타는 가슴

그네를 타네
빛과 어둠으로
오락가락

기쁨 주고
아픔 주는
그대는 누구

―「그대는」 전문

위의 시는 대조형식으로 쓰였다. "해님과 신기루", "빛과 어둠", "기쁨과 아픔" 등의 대조는 삶의 양면을 의미한다. 삶 곁에 죽음이 도사리고, 행복 곁에 불행이 동행한다는 것이다. 이 시는 제목붙이기를 통해서 독자를 포용한다. "그대는"이라는 언어 속엔 모든 인간이 수용된다. 시인의 삶, 사유의 출발은 자신이다. "나는 누구인가?", "그대는 누구인가?", "어떻게 살아야 하는가?"라는 질문을 수없이 던지며 인간의 정체성을 추적한다. 김승희는 "기쁨 주고 / 아픔 주는 / 그대는 누구"인가 묻는다. 진리적 의문을 존재의 언어로 압축한다.

뚜벅

뚜벅
발걸음 소리 들린다

덜커덩
현관문 열리고
미소 가득한 낯익은 얼굴

눈 한 번 껌뻑
아무도 없다

―「환상」 전문

　이 시는 인생이 무엇인가 하는 존재론적 사유로 쓰여졌다. 참 소유와 거짓 소유, 진리적인 것과 비진리적인 것을 구분한다. "뚜벅 / 뚜벅 / 발걸음 소리 / 미소 가득한 얼굴" 등의 단어 취택은 감각적 효과를 배가시킨다. 자아체험과 시적 탐구로 뒤늦게 깨달았지만, 이 세상 모든 것이 "환상"이었다는 주장이다. 그렇다 해서 김승희가 허무주의에 매몰된 것은 아닌 것 같다. 생의 종말 정도는 인식하며 살자는 깨우침의 목소리를 던져 준다. "눈 한 번 껌뻑"으로 소멸되는 신기루 세상을 의식한다면 탐욕의 웅덩이에서 허우적거림은 피해갈 수 있다는 판단이다. 화자는 자신의 본모습을 되찾았다. 위장된 가면을 벗겨낸 실체를 직시한다. 모든 소유와 인연맺음이 "환상"이란 진리적 문제를 간결한 메시지로 안착한다. 자아 생을 관조하게 된 시인의 가슴은 뜨겁다. 시의 독자를 깨우치고 싶은 욕구 때문이다.

눈꽃 송이
모아 모아
찬란한 궁전 만들고
폭 폭마다 뭉게구름 피어나듯
새하얀 드레스 그 황홀함

희망의 축가 울려 퍼져
결혼식장 가득히
행복의 나래
너울너울 춤을 춘다

찬바람
덜커덩
창문 흔들리는 소리
깜짝

꽃단장 눈부시던 신부는 자취도 없고
해넘이 노을 붉은 창가에
할미꽃 한 송이

―「꿈」 전문

시를 음미하는 독자는 화자의 모습을 유추한다. 상상 속, 60~70대 시인의 외형은 곧 다가올 자기 모습이다. 이 시는 존재의 늙음과 생의 아픔을 동시에 묘사한다. 첫 연에서 김승희는 결혼식장에 선 화려한 신부이다. 결미에선 늙음에 이른 초라한 할미꽃임을 각인시킨다. 객관적 상관물인 "할미꽃"에 빗대어 시적 메시지를 안착한다. 3연에서 "창문 흔들리는 소리"는 허비한 시간을 의미한다. 화려함과 초라함 사이를 관통한 것은 짧고 짧은 시간일 뿐이다. 과거와 현재가 공존하는 이미지 속에 사유공간을 구축하여 독자를 깨우치는 시다. 자아 생의 과정은 표준 궤적이다. 모든 여성이 유사한 체험을 한다. 여자의 한 생은 "꿈"이다 단정했지만, 화려한 시절은 생략한다. "붉은 창가에 / 할미꽃 한 송이"만 결미에서 부각되는 정황이다. 그는 삶이 시들 때까지는 시를 쓸 것 같다. 할미꽃 허무 속에서도 시적 향기가 발산된다.

3. 사랑과 이별, 그리고 고독

김승희는 언어는 가벼운 듯하지만, 결코 가볍지 않다. 사랑과 이별, 고독으로 순환하여 한 생을 마무리 짓는 긴 여정을 추적한다. 시적 메시지는 잡음과 혼선이 없는 것이 특징이다. 자아체험을 메시지로 함축한 때문이다. 간결한

표현 속엔 이미지를 채색한 시적 고뇌가 감지된다. 화자의 시는 언어 유희적 기교보단 시적 진실을 선택한다. 이미지에서 표출된 목소리, 그 이면에 은둔하여 독자와 교감한다.

봄볕 따사로운 뜰에
노란 싹 트고

설레는 가슴 밭에
사랑 하나

너 있고
나 있음에
아름다운 정원이어라

―「행복」 전문

사랑은 존재와 존재의 결합이다. 김승희의 표현대로 너와 내가 함께 있으면 조건을 초월한 행복의 공간이 된다. "아름다운 정원"으로 표현되었지만, 사랑이 꽃핀 화려한 공간이다. 문제는 행복이 유지되는 시간의 편차이다. 주체와 대상 간, 시간의 격차 탓에 영원히 지속되지 않는 것이 사랑의 본질이다. 언젠가는 죽음 쪽으로 기울어져서 한 사람은 떠나고 한 사람은 남는 이별을 체감하게 된다. 둘이서 협력하여 가꾸던 정원엔 슬픔의 잡초가 무성하게 자란다. 이것이 인간이 가꾼 행복의 정원, 그 종말적 상황이다. 시인은 인간학적 관점에서 독자에게 말한다. 손과 손을 마주 잡고 노래하는 시절이 가장 행복했었다는 고백이다.

    삶의 여정
    웃음꽃
    한 아름 안겨 주더니

    사연만 듬뿍 달아 놓았네
    고운 추억들
    잿빛으로 흐물거리고
    침잠(沈潛) 속에 헤맨다

    이젠
    무엇으로 기쁨 주고
    무엇으로 아픔 주려나
    미운 사람아

    —「미운 사람」전문

위의 시는 말 이상의 말을 한다. "미운 사람"은 그리운 사람으로 변환된다. 사랑하는 이를 향한 애가가 독자의 가슴을 먹먹하게 한다. "이젠 무엇으로 기쁨 주고 / 무엇으로 아픔 주려나" 하는 시적 진술은 사랑했던 주체의 부재(不在)를 알린다. 기쁨과 아픔을 혼합시켜 울고 웃는 것이 부부간의 아름다운 사랑임을 깨우친다. 존재의 이편과 저편, 행복의 양면을 사유할 수 있도록 이미지 속에 길을 내어놓았다. 자화상적 이미지를 통해서 이별의 슬픔, 사랑의 고통을 진하게 채색한다. 그리운 존재는 "미운 사람"으로 변환된다.

꽃길
자갈길
희로애락
부둥켜안고 걸어가는 길

기뻐할 때
활짝 웃어주고
슬퍼할 때
펑펑 울어주는
대변(代辯)
시(詩)의 나래 그 향기

너는 참 좋은 인연 '시'

―「좋은 인연」 전문

 고독 속에서 속울음 울던 화자에게 "좋은 인연"이 다가왔다. 그 이름도 찬란한 시(詩)다 2016년 어느 날 화자의 생에서 발생한 대사건이다. 시의 기능을 인간구원의 방편으로 삼겠다는 자의식이 포착된다. "좋은 인연"이란 독백 속엔 생의 마지막 순간까지 동행하겠다는 의미가 내포되었다. 시 창작의 과정은 고통이겠지만, 언어적 시흥에 취해 버린 축복 받은 존재가 김승희이다. 시혼을 불태우는 욕망은 그의 삶을 유지시키는 원동력이다.

4. 허비한 삶에 대한 반성 — 욕망 버리기

 철학자 니체(Friedrich Nietzsche, 1844 ~1900)는 "어떤 예술가도 현실을 그대로 용인하지 않는다."라고 말했다. 이 말은 생의 한 지점에선 부정적인 시각으로 자기를 바라볼 수밖에 없다는 뜻이다. 죽음으로 가는 길 위에서 허비한 시간에 대한 반성적 태도는 시인이나 일반 독자나 별 차이가 없다.

 마른 잎 비집고

연둣빛 봄
내일 찬란하게 펼쳐질
꿈의 나래

꽃 피고
또
꽃 떨어지고
돌고 도는 자리매김
서리서리 아쉬움 듬뿍

봄
우리 만남은 몇 번이 남았을까
서러워 마라
발자국마다 줄줄이 구슬 있음이야

―「우리 만남은」 전문

이 시는 흘러간 시간에 대한 애착과 연민이 표출된다. 그는 새 봄을 맞았다. 행복에 젖어 봄과 대화를 시도 한다. "우리 만남은 몇 번이 남았을까" 묻는 시적 정황이다. 한 인간의 생에서 봄은 수없이 반복되었지만, 시간의 잔고를 의식하지 않았다. 젊음이란 배경이 있었기 때문이다. 삶에서 시간을 의식한다는 것은 반성적 성찰 행위이다. 시간은 인간의 삶을 반성케 한다. 한순간, 자신이 쌓아 올린

욕망의 흔적들은 모래성처럼 무너져 내린다. 거울 앞에 선 자기 모습이 변해 있는 탓이다. 김승희는 "서러워 마라 / 발자국마다 줄줄이 구슬 있음이야" 하고 자신과 독자를 위로한다. 시적 위로는 자아에서 타아로 전이 된다. 봄과의 만남은 지속하고 싶어도 허용되지 않는다. 삶을 반성하는 씁쓸한 후회는 인간의 공통된 숙명이다.

어둠의 긴 터널

헤매고
헤매이다
성숙으로 거듭나리

슬픔을 삼키지 말자
토해내는 것이거늘

―「슬픔을」 전문

허비한 삶은 슬픈 것인가? 시간의 본질은 삶의 반성으로 나타나는가? 고뇌하던 화자는 진리를 깨우친다. "슬픔을 삼키지 말자 / 토해내는 것이거늘" 주장하며 독자의 공감을 기대한다. 시인 김승희의 독백은 슬프지만 아름답다. 돌이킬 수 없지만, 치유방편으로 시간을 선용한다. 한 줌 남은 잔고가 있기 때문이다. 삶의 성숙은 시간과 비례한다. 시간이 흘러가야지만, 버릴 줄 알게 되고, 자신이 애착한 소유의 정체를 인식하게 된다. 화자의 시 짓기는 삶의 반성인 동시에 슬픔을 토해내는 방편이다. 고로 좋은 시란 언어 기교적 문제로 단순 판단하거나 평가할 수는 없다. 단 한 줄의 메시지에서도 절망을 극복하여 일어서는 독자가 있다.

비우니
가벼워라
그냥 바라만 보아도 아름다움
또 하나의 즐거움

다 이룬들
덜 이룬들
인생은 미완성이라 했거늘

숱한 날 애태우던 목마름
그 바래던 행복이

어쩌면
해 질 녘 노을에 고운 미소
단아한 이 모습이 아니던가

—「비우니 가벼워라」 전문

김승희는 미완성으로 중결되는 삶에 대하여 판단한다. "욕망의 무게를 짊어지지 말고, 버리면 가볍다."라는 시론이다. 버리고, 비운다는 행위에서 인간은 고뇌한다. 삶에서 제일 어려운 결단이 부질없는 욕심을 내려놓는 행위이다. 시간 속에서 늙어버린 인간의 실체는 어떤 모습일까? 불필요한 것들을 잔뜩 짊어진 채, 길을 찾는 방랑자의 모습일 것이다. 자신이 어리석었음을 의식할 때, 버리고 비우기가 가능해진다. 화자의 시는 비움을 통해서 쓰여진다. 자신보다 독자를 의식하는 그의 욕망은 아름답다.

5. 마무리

내 발에 등(燈)이요

내 길에 빛이나이다

시편 백십구 편 백오 절

―「주의 말씀은」

　상재하는 시집 속엔 단 한 편, 성경의 내용을 진술해 놓았다. 시적의도를 해석하면 두 가지로 구분할 수 있다. 첫째로 주의 말씀을 암송하며 삶을 정관하는 방편이다. 둘째로 단 한 번의 삶이기에 후회하지 않는 방편을 소개한다. 주의 말씀을 등과 빛으로 삼은 행보는 후회가 축소되거나 부질없는 욕망에서 탈피하게 된다는 의미이다. 시인 김승희의 시편들은 총체적 생을 소재로 쓰여졌다. 시적 진실과 탐구적 독백이 조화되어 시의 독자와 교감하고 싶어 한다. 무엇인가에 쫓기듯이 허둥대는 삶에서 여백 공간을 제공할지도 모른다. 그의 시는 고통의 노래가 아니라 생을 복되게 살아가는 방법을 제공하는 희망의 노래이다. 독자의 사랑을 기대하면서 『작은 풀꽃이 보일 때』 시집 상재를 축하드린다.

작은 풀꽃이 보일 때

김승희 지음

발행처	도서출판 **청어**
발행인	이영철
영업	이동호
홍보	천성래
기획	육재섭
편집	이설빈
디자인	이수빈 ǀ 구유림
인쇄	정우인쇄

등록   1999년 5월 3일
       (제321-3210002510019990000063호)

1판 1쇄 발행 2025년 8월 10일

주소   서울특별시 서초구 남부순환로 364길 8-15 동일빌딩 2층
대표전화   02-586-0477
팩시밀리   0303-0942-0478
홈페이지   www.chungeobook.com
E-mail   ppi20@hanmail.net

ISBN   979-11-6855-364-4(03810)

본 시집의 구성 및 맞춤법, 띄어쓰기는 작가의 의도에 따랐습니다.
이 책의 저작권은 저자와 도서출판 청어에 있습니다.
무단 전재 및 복제를 금합니다.